JN410542

정선영 시집

고백

고백

펴낸날 초판 1쇄 2020년 8월 5일

지은이 정선영
펴낸이 서용순
펴낸곳 이지출판

출판등록 1997년 9월 10일 제300-2005-156호
주소 03131 서울시 종로구 율곡로6길 36 월드오피스텔 903호
대표전화 02-743-7661 팩스 02-743-7621
이메일 easy7661@naver.com
디자인 박성현
인쇄 (주)꽃피는청춘

값 12,000원

ISBN 979-11-5555-138-7 03810

이 도서의 국립중앙도서관 출판시도서목록(CIP)은 e-CIP홈페이지
(http://www.nl.go.kr/ecip)와 국가자료 공동목록시스템
(http://www.nl.go.kr/kolisnet)에서 이용하실 수 있습니다.
(CIP제어번호: CIP2020030409)

정선영 시집

고백

이지출판

시인의 말

마음이 통하는 따듯한 시를 쓰려 했다.
고개를 끄덕이며 서로 이해하고 함께이고 싶었다.
2020년 봄, 그런 생각이 더 간절했다.
서로 만나고 차 마시며 얘기하고
웃으며 밥 먹던 일상이
이제 추억이 될지도 모르는 시간들이었다.

그대가 그리웠다.
당신과 이야기하고 싶었다.
그래서 내가 먼저 시작했다.
100일에 걸쳐 100편의 시를 낭송하고 녹음했다.
그중 30여 편에 음악을 얹어 시낭송 CD를 만들었다.
그리고 10여 년간 준비해 온
내 마음을 열어 보이는 두 번째 시집 《고백》을 엮는다.

사관史官은 전쟁이 나도
사료史料를 짊어지고 피난을 갔고
어느 철학자는 “내일 지구가 멸망하더라도
나는 오늘 한 그루의 사과나무를 심겠다”고 했다.
이는 어느 상황에서든 각자 위치에서
자신이 할 일을 한다는 뜻이라 생각한다.

시를 쓰고 시를 낭송하고 지도하는 나의 활동도
바로 이런 맥락이다.

이 힘든 시기에 나의 일들을 가치 있고 의미 있게
격려하고 아낌없이 지원해 준 사랑하는 아이들과
나의 영원한 팬 남편에게 존경과 고마운 마음을 전한다.

2020년 7월 강변에서
정 선 영

차례

제2부 사람과 사람 사이에 이어진

제3부 시향 짙은 우리의 만남

제4부 아름다운 생각 내 안에 머무니

제5부 잎이 져도 살아 있는 뿌리처럼

제1부

내 안의 그대 생각이 만든 길

고백

내가 시를 쓰는 건
너에 대한 내 마음을
전하기 위해서야
감성 뒤에 숨은
내 사랑을 찾아

사람들은 모를 수 있어
하지만
넌 알 거야
시 속에 담긴 내 마음을.

내 안의 보물

나는 내 안에
아무거나 넣지 않습니다
고르고 확인하고
따지면서 엄선하지요
내 안에 가득 담긴 그대
그래서
그대는 보물입니다.

예술

완전한
나비 모양을 위해
연인을 달래듯
조심스레
두들기는
나의 호두 깨기
사람들은
나비를 좋아한다
나비를 사랑한다
예술이다.

하루 더

그래
하루를 더
산다는 것은
비록
어제같이
보이는 날일지라도
모차르트와 다빈치를 만나 즐기듯
더 의미 있고 황홀한
하늘이 만든 예술을
한 번 더
만난다는
기쁨에 둔다.

하늘, 별

헤어져야 하는
갈림길에서
서둘러 안녕 하는
만남보다
잠시 더 함께하려
느리게 걷는
따듯한 그대가 좋다
돌아보진 않아도
아쉬운 듯
잘 가라 바람처럼
머리 위 손 흔들며
멀어져 가는
그대는 하늘,
나는 별을 본다.

따라하기

파란 하늘처럼
멍든 가슴에
사랑이 머물고

장미같이
붉어진 얼굴로
수줍은 고백을 하니

내 가슴
그 바다의 파도처럼
천둥 맥박 뛴다.

중년의 로맨스

처음처럼
당신의
설렘도 보인다

더 확실해지고
더 커진
그대 사랑

드디어 시작인가
아니면 이어짐인가
중년의 로맨스.

– 다초점 안경을 쓰고

내가 여행하는 이유

맑은 공기 앞에서
더 선명해진 내 마음

낯선 곳에서
더 보고 싶은 그리움

가는 곳마다
함께인 너

내가 여행하는 건
확인하기 위해서다

나 지금 여행 간다.

그리움의 성분

내 그리움의 성분은
비
빗방울로 시작했는데
어느새 바다에 와 있다

그리움 속을 걷는다
우산도 없이
쏟아지는 비를 맞으니
그대가 더 그립다.

종이비행기

보고 싶은 얼굴
종이비행기로 접어
하늘로 날렸다

'언제든지'라는
반가운 메시지에
샘솟는 행복 엔도르핀
내 가슴으로 가득 날아든다.

사랑, 행복

너를 만나러 가는 길
창밖으로 보이는
모두가 내겐 설레임
사랑이다

너를 만나고 오는 길
내게 보이는
모두가 대견하고 흐뭇하다
행복이다

너와의 만남
내겐
사랑이다
행복이다.

사랑의 방향키

사랑하는 마음에는
방향키가 있다
이성이 막아도
사랑은
갈 곳으로 간다

최종 목적지를
그대에게로 정하고
눈 감고도
갈 수 있는
나처럼.

그리워서

그리워서 갔다
마음으로

참고 견디어야 하기에
마음만 갔다

가끔 생각 없이 텅 빈
내가 있음은

그리워 내 마음만
네게 갔기 때문이다.

비밀의 길

내 안에
그대 생각이 만든 길

두 마음이
하나 되는 비밀의 길

오월의 그 꽃길보다
아름답구나.

하늘의 선물

너 한 사람으로
행복한 건
하늘의 선물!

그 마음 얻으려
하루를 보낸다
아니, 그대 생각으로
평생을 보낸다

그래도 난 행복하다.

그대는

당신 안의 그대는
고운 사람
순수한 사람
사랑스런 사람

그런 나를 알아본 그대는
지혜로운 사람
행복한 사람
사랑스런 사람.

오타

내 마음과
다르게
오타는
보내고 나서
보이고

내 마음과
같게
첫사랑은
보내고 나서
보이고.

그리움의 순간

주술에 걸린 듯
그 한때를 고집하며

풀지 못한 문제의 정답이듯
그리움의 순간 지니고

아주 먼 과거 같은
원시의 눈

공전하는 지구를 역행하듯
어지럽다

바람이 들리는 날
꺼내든 너의 사진

너는 언제나
그때일 뿐

나는 지금 그 하늘 아래
다시 서고 싶다.

체인징 파트너

아이 손에 잡힌 기차가
허공을 날아가듯
지하철은 한강을
지나고 있었다

흘러간 팝송을 파는
허술한 아저씨의
낡은 카세트에서
끊기며 부르는 여인의 노래
체인징 파트너

생각 없이 마주한
노래 소리에
묻어나는 향기
주머니 속을 뒤지듯
추억을 찾는다

몰래 바뀐 파트너
손 꼭 잡은 사람들
삶의 방부제
꿈춤 춘다.

하얀 춤

눈 내리는 거리엔
이야기가 많다

그대의 추억으로
하늘은 하얀 춤을 춘다

눈송이보다 많은
사연들

눈꽃으로 아름답게 피기도 하지만
그대로 발밑에서 사라지기도 한다

눈처럼 녹을까
꺼낼 수 없는 내 추억

지리산 계곡에
내려앉는다.

미美

아름다움에 있는
적당한 균형

그곳을 향한
지칠 줄 모르는 욕망

군살 없는
조화로운 맵시

지난밤 품은
사랑마저 떨쳐 버리는

욕망의 균형
살아 있다는 어울림이다.

시를 읽으며

그래
바로 날씨가 답이다

어제와 오늘
내 마음이 다른 건

고맙고 감사해야 할 것만큼
밉고 원망스런 것들

함께 더불어 산다는 것이
그 안에 있을 땐 잘 모르겠다

이 어찌할 줄 모르는 마음
읽어 준 그대
시인이여

이 시인의 마음
전하는 그대
낭송가여.

제2부

사람과 사람 사이에 이어진

오늘

참 오랜 시간 보내고
만난 오늘

어제와 다른 건
내 마음 때문이겠지

숱한 인연이
위로하고 설득했지만

지금 이 만남은
분명 지나간 시간이 답이리

감사하고 고맙다
어긋난 내 지난 인연들

그리고 바로 오늘이기에
내 마음 너에게 보인다.

그래서 나는

나는
깊고 높은 산보다
너와 차 한 잔 마시듯
언제든 오를 수 있는 만만한 산이 좋다

태평양 지중해보다
강물이 되는 냇물이나
너와 손잡고 건너다 발을 적실 수 있는
어릴 적 우리 동네 개울물이 더 좋다

나는
멋있고 잘난 내게 먼 사람보다
가까이 있어
사랑하고 다툴 수 있는 그대가 더 좋다

그래서 나는
오늘도 너와
사랑하다 울고
다투다 웃는다.

온 사랑

나무와 나무 사이에 쳐진 나뭇잎 그물로
잠시 수평을 이룬 숲에
바람에 온 가지 흔들며
바라만 보다 만난 그대와
행복한 소통의 시간을 갖는다

사람과 사람 사이에 이어진 공감으로
'우리'를 만든 우리는
서로 말하고 들어주다
고독과 외로움을 이겨내며
내일을 기다린다

보이지 않는 계곡일지라도
그 밑에 흐르는 물소리 들을 수 있듯
보이지 않고 만날 수 없는 사랑도
하늘 바람이 다가와 전하니
따듯한 숨을 쉰다.

길

산다는 것은
끝 모르는 길을 걷고 있는 것

어차피 걸어야 한다면 나는
노래 부르듯 즐겁게
기분 좋게 걷고 싶다

가끔은 주위를 돌아보며
망가진 길엔 돌 하나 놓아 주고
예쁜 꽃씨도 뿌려

내가 걸어온 길이
뒷사람도 따라 걷고 싶은
길이 되고 싶다.

바램

현미경에 비친 채송화
장미꽃같이 예쁘다
확대경에 드러난 아름다움
불편한 진실이다

나는 너를
나의 눈으로만 보고
너도 나를
너의 눈으로만 보고.

진심

아름답다는 말엔
추함이 무엇인지 알고

사랑하기에
미워한다 말할 수 있고

고맙다 말하는 건
서운함을 알기 때문

어제와 오늘
어느 것이 진심일까

서로 다른 감정
모두 내 안에 있다.

끝까지 남은 이름

쓰고 지우다 다시 쓰며
끝까지 남은 이름들

아주 냉정히
아주 맘 편히

나의 미래와
함께 그려질 사람들이다

정중히 예의를 갖추어

나의 사랑으로
나의 스승으로
나의 친구로.

내 맘대로

어느 날
내게 생긴 조금 큰 선물
어디에 쓸까
떠오르는 얼굴들
mm, lm, lf, mk, jo, sw, gs, sh, wh
그 누구도 내게
손 내미는 이 없다
그런데도 난 그들이 떠오른다
생각하다
난 1/9로 나누었다
그들 누구도 내가 한 일 모른다.

어디서 오는가

벅차올랐던
기쁨과 슬픔

터질 것 같은
열정과 분노

내일에 기대는
지독한 사랑
그리고 미움

이들은
어디에서 오는 것인가

욕심이다
말해 주어도

모른다
떼쓰는 내게
달은 지쳐 해를 보낸다.

추억의 열쇠

불꽃을 그리며 타버린 추억
검은 석화 장미

차가운 물에
다시는 볼 수 없게 사라진다

무심으로 열중했지만
예의인 듯 흐르는 매운 눈물

진하게 철판에 남은 암호
문지르니 제 살 파이며 검은 것 내어준다

반짝이는 작은 상처
내 추억 4번방 열쇠다.

시간과 나

보이는 것만 생각하던 시절
자고나도 그대로인 내 모습처럼
꽃 산을 돌며 놀다 온
시간은 지쳐 꼼짝도 안했다

슬프고도 아름다운 청춘
밤에도 쉴 수 없는 진한 사랑
그 아픈 가슴 바라볼 수 없기에
지나가도록 비켜 주었다

아이가 빨리 컸으면 하던 시절
곁들은 그때가 가장 예쁘고 살맛난다 했지만
나이 들어도 좋으니
시간이 빠르게 지나가길 바랬다

비 내리는 창가에서 오후내 한강만 바라봐도
별을 찾으며 온밤을 깨어 있어도
팔이 아프도록 긴 통화를 해도 좋은 지금
습관처럼 가속 붙은 시간은 재빠르게 도망간다

이제 또 떠나는 시간
힘을 다해 붙잡는다
내 삶의 보폭으로
손잡고 함께 가자고.

축복

엄마는 아기에게
장미꽃처럼
아름답게 세상을 살아가라
지혜를 알려 주고

어머니는 딸에게
함박눈처럼
멋지게 생을 마무리하는
삶을 보여 준다.

메시지

그 맑고 따듯한 하늘이
이 곱디고운 꽃을 보며
무색 무향 무감흥이라니

어둠 속에서
낡은 옷에 붙은 반짝이 보듯
바라보는 하늘의 별

울음으로 시작된 세상
소리마저 사라지는
냉정한 이야기

연극을 보듯
그저 바라만 보는 가지들
그 깊은 곳에서
전하는 메시지

그래
다들 이렇게 살아왔구나.

사랑이 넘치지 않게

고목 가지 끝에
맺힌 흔적

잘려진 가지마다
마른 눈물 고이고

헤어짐으로
못생겨진 마디

밝은 햇살
보듬어 준다

다시 맺은 정
곁가지 새 잎

예쁜 마디 생겨라

사랑이 넘치지 않게
거리를 둔다.

폭염

차라리 장대비가 오는 게 좋겠다
비는 행동을 제약할 뿐
정신을 가두진 않았다

섭씨 37도의 폭염
더위를 피할 수 있는 그 무엇만 생각할 뿐
인간다운 멋은 포기한다

사람보다 강한 나무
폭염에도 한 가지 색으로
태양 아래 흔들림 없이 서 있다

뜨거운 햇볕에
과일은 단맛이 들고
곡식도 영글어 가는데

내겐 무엇을 원하는지
사랑인가
성숙인가.

섬망

하늘에 핀 고운 진달래
그 꽃을 따라 간다
구름이 발아래 떠다닌다

천장에 누웠다
방바닥에 붙어 우습게 춤추는
거꾸로 선 사람들

겨우 사탕 한 알에
울던 서러움 내버리고
얼굴 가득 함박웃음

나를 보는 이가
어제인가 오늘인가
만난 날을 모르는

그들의
예쁘고 고운 새 이름
섬망

덩달아 아름다워 보인
내 이웃의
소중한 삶

조용히 잠든 그들에게
깊은 꿈에서 일어나라
고운 노래 불러준다.

섬망은 혼돈(confusion)과 비슷하지만 심한 과다행동과 생생한 환각,
초조함과 떨림 등이 자주 나타나는 것을 말한다.

아기처럼

아기가 태어날 때
고통을 모르듯
저편으로 떠나려는 엄마
아픔을 모르며 누워 있다

곱던 얼굴 마음껏 부풀고
평생 고달프게 부지런했던 손
때맞춘 휴식으로
다시 아기처럼 부드럽다

눈을 통한 빛은 사라지고
어둠 속 느낌으로
내 새끼 알 뿐
다시 아기처럼 모른다

나로 인해
네가 저편을 바라보고
너의 눈물로 공감을 찾다
다시 아기처럼 생각은 하나

나의 행복은
내 엄마가 아닌 너였지만
한때 너의 행복도
나였기를 바라던 어리석음

엄마는
너의 눈물 두고
아기처럼
인사한다.

가슴에 선 하나 갖고

가슴에 선 하나 갖고
새로운 삶이 시작되었다

하루에 몇 번씩 마주하는 일상이 행복하고
내 가족이 있어 기쁘고 그들이 소중하며 사랑스럽다
정다운 친구와 이웃
다정한 산과 들 하늘과 강물
그 모두는 존재의 미를 강렬하게 전한다

어제보다 고운 꽃을 기억하고
전보다 더 찬란하고 따듯한 태양에 감사하며
가슴까지 적시는 봄비는 축복이다
밤하늘의 별보다 더 황홀하고 세련된 서울의 밤
이곳이 그 어느 곳보다 좋은 이유가 되었다

경계선을 오가며
진정한 사람으로 거듭나
나날이 정성스레 생각하고 행동하는
스스로를 대견해하며
이렇게 선 없는 네게 우정 어린 메시지를 전한다

고통을 지나온
핑크리본 그 아름다운 여인들
버린 것보다 얻은 것이 많은
그녀들의 삶은
날마다 진심이었다.

핑크리본 : 유방암 관련 모임의 세계 공통의 명칭.
여성의 생명과 아름다움과 가슴의 자유를 뜻한다

감자

싹 난 감자를 화분에 심었다
며칠 후 줄줄이 싹이 나왔다
어여뻐 물을 주니
봄처럼 자란다

일주일 만에
열 개가 넘은 감자 싹
가냘프게 키만 컸다
좁은 땅에서 그들의 질서
영양 결핍이다
얼마 후 시들어 고개 숙인 감자 줄기

성형되어 가는 사람
스스로 만족해 환경을 바꾸고
영양의 균형을 깨고
본래의 질서를 무시한다
가늘고 길게 그리고 크게

그것이 아름답다 한다
화분의 감자 싹도 분명 아름다웠다
그러나 열매를 맺지 못한 감자는

너와 나
우리의 삶은
그 누군가에게
보여 주는 것이 아니기에
감자처럼 기형으로 살 순 없다.

다시 초심으로

가던 길 막히면
시작되는 물음

버리고 지키며
품어야 할 것은 무엇인가

늘 새로운 기회다
자신을 바로 세워도

집착하다 놓는 아쉬움
그 번뇌 끝은 언제나 초심이다

하늘에서 자유로운 구름아
지금은 높이 있는 네가 좋다.

삶은 만만치 않게

흐르는 시간따라
더 이상 새집이 아니듯
자연스럽게 다가오는
삶의 흔적들

하룻밤 지나니
어제와 다른 생각
또 다른 밤에서
조금 더 변한 내 마음

그 어느 밤을 보낸 뒤
더 이상 변치 않는 마음으로
오늘의 내가 되었다

삶은 그렇게
만만치 않게
늘 내 곁에
순한 척 있다.

여름아

고속도로를 질주하던
시간들

한여름 더위에
꼬불꼬불 한계령 고개 넘는다

전망대에 오르니
저 아래 가야 할 길 한눈에 보인다

무더위에 잡혀
느려진 해와 달로 길어진 시간들

잠시 돌아보고
내려다보는 여유 즐긴다

새삼 고맙다
뜨거운 여름아.

제3부

시향 짙은 우리의 만남

이상해

책은 밤새도록 봐도
자연스러운데
텔레비전 드라마는 종일 보면
내 눈치를 본다
책은 앉아서 보지만
드라마는 운동이라도 하는 척
서서 보는 나.

한편이다

2020년 봄
외식으로 사는 요즘 아이들
강제로 식당 유배 당하고
인스턴트 음식 먹다
집반찬 먹으며 행복해한다

빈 그릇에 반찬 채우는
엄마의 말
너 이제 나랑 같은 것 먹으니
너랑 나랑 한편이다.

첫걸음

동영상 보며
응원하는 손주의 첫걸음
응원이 부족하랴
친구 지인 동원한다
에쿠 에쿠
모두가 한마음으로 응원하는
자랑스런 첫걸음
한 친구
"동아일보에 기사 내고 싶지" 한다

기분좋게 내 마음 들켰다.

연서

생각은 달님
행동은 햇님

달님과 햇님
만날 수 없어
생각과 행동의 일치가
어려운 건가

밤에 쓴 연서
끝내 부치지 못했다
다행이다.

발렌타인데이

화장대 위
예쁘게 포장된 사탕
웃고 있는 너를 닮았다

입 안 가득 퍼지는
비밀스런 향
품에 안긴 듯 편하다

사탕 앞에서
마음대로
안길 수 있는 자유

그 자유 앞에서
나도 너에겐
선물이다.

더 * 4

더 세게
더 강하게 말하고

더 크게
더 빠르게 다가서다
숨이 차 멈추었다

그래서 지금은
그대 생각 중

다시 가기 위해
마음 달래는 중.

달밤

수많은 감정이
별로 떠 있다

시간이 흐르듯
계절이 변하듯

따르지 못하는
심과 정

별을 본다
그대가 그립다.

집게 새

하늘을 날다
지친 듯

창가에 앉은
한 마리 새

낮은 소리 내다
이내 멀어져 간다

그 언어 모르는
나는

감추었던 속마음만
하늘에 펼쳐 놓았다.

봄의 여신

어서 오셔요
봄의 여신님
당신을 맞이하려
창가엔 태양이 밝게 비추고
하얀 그 꽃은 봉오리를 벌리려 하고 있어요
제 마음도 활짝 열어 놓았으니
망설임 없이 어서 오세요
지난겨울 오직 당신만을 기다리며
꽁꽁 언 마음 부서지지 않게 간직했어요

어서 오세요
봄의 여신님
당신을 맞이하려
얼룩진 사랑 깨끗이 지우고
화사한 봄바람 느끼려
무뎌진 감성도 다듬었어요
당신의 자리 넓고 맑게 만들었으니
아름다운 봄향을 지니고
이제 제게로 달려오세요

어서 오세요
봄의 여신님
당신을 맞이하려
하나 둘 셋 봄의 왈츠에 맞춰
우아하고 단정하게 춤추고 있어요
당신이 보여 줄 봄의 향연에
부끄럽지 않고 당당히 초대받으려고요
당신이 주는 이 생명
정말 소중하고 감사하며
사랑합니다.

풍경

비 오는 날
유리창에
올챙이가 달린다

비의 양에 따라
천천히
또는 아주 빠르게

한 마리도 거슬러 오르는 일 없다.

눈과 나무

가지마다
내리는 눈
견딜 수 있는 만큼
쌓은 나무들

광주리 가득
이고 가는
아낙네처럼

최선을 다해
지켜내는
아름다운
자연의 예술.

동물의 왕국 1

즐겨 보던 동물의 왕국
대리만족이었나
단 한 마리만 군주로 사는 모습
호기심도 나지만 피하고 싶었다
군주는 소수에도 있었다

사람은 동물
그것도 아주 사나운 맹수
물어뜯고
내 말 들으라 울부짖는
상처 많은 군주.

동물의 왕국 2

세력다툼에 진 사자는 산으로 오른다
패배를 인정한 싸움에서 조용히 사라진다
정직한 인간이 해야 할 도를 보여 준다

싸움에 진 인간은
상처를 껴안고 생각에 잠긴다
가장 동물적인 방법으로 복수하려고.

동물의 왕국 3

사람에겐
독수리 발톱이 있고
미꾸라지같이 요령도 있고
호랑이처럼 포효할 수 있고
하이에나처럼 야비할 수도 있다

그리고 나비처럼
예쁘게 날 수도 있다.

경계선

미니스커트 아가씨
걸을 때마다
보는 이 심장이 뛴다
걱정과 호기심으로
비키니보다 더 자극적인 순간
기다린다
선을 넘는다
아! 현기증
그러나 아름답진 않았다.

사랑 소리

잎을 떠나보낸 나무
마른 가지마다 슬픔 품고

허전함을 혼자 견디다
노래로 시로

아! 가을
낙엽 같은 사람의
사랑 소리

슬프지만
아름답구나.

가을 향기

고운 낙엽 사이로
본 파아란 하늘에
가을 단풍
곱게 펼쳐져 있고

시를 낭송하는
그녀들의 입에선
진품
가을 향기가 난다.

해봐야지

어쩌지요
의자에 앉아 침묵으로
기다리는 마음에게
문 열어 주고 싶어요

꼭 다문 입술에
진달래빛 연지 바르듯
맑고 고운 시어로
너 나 우리
같은 생각 있다 전하고 싶어요

꼭 한번 해봐야겠어요
지하철에서
당신의 마음과 함께하는
시낭송을.

엄마가 보고 싶다

그냥 다 모른 척하고

엄마랑 한 일 년 같이 살고 싶다

엄마가 보고 싶다.

좋은 당신

어제는 수동에서
오늘은 제주도에서

생각난다는
고마운 마음에

섬진강 시인의
'참 좋은 당신'을 낭송한다

감동이다
말하는 멋진 당신

우리 이대로
한 오백 년 살지요.

지금 내 나이는

사랑이
한참을 놀다와도
흔적이 남지 않는 나이

꿈과 살던 그 시절
늘 그리기만 하던
나만의 시간

손 사이로 빠지는 물처럼
이순의 그 나이
내겐 오지 않을 듯싶더니

눈앞 허공에서
떠다니는 나의 분신들
붙잡아 내 가슴에 숨겨 두련다.

꿈 하나

내 꿈 하나는
그날의 중심에 있는 것
반세기 넘기며 꿈꾸던 일

고맙고
어색하고
미안하고
자랑스럽고
행복했다

빨간 카네이션처럼
열정으로
정성으로
기쁨으로
지켜온 시간

시향 짙은
우리의 만남
명품이 되어 간다.

제4부

아름다운 생각 내 안에 머무니

청량산

산을 오르면
반드시 내려온다
오르는 산의 첫발은 태어남이요
다시 내려오는 산 밑은 죽음일 것이다
봉화 청량산에서
청량사 왼쪽으로 오르는 육백의 철계단
오르다 지쳐 망설이다
기어서 오른다
엎드려 긴다는 것이
굴욕이 아닌 편안함을 알고
혼돈 속에 오른 산
자란봉 정상에서
열두 봉우리 연꽃잎에
노송과 어우러진 촌락
그리로 가는 너를 보며
하강이 아름답고 행복한 길로 보였다.

남한강가에서

하늘 바람이
창을 통해
더 바람답게
내게로 오듯

계곡을 질주하는
작은 폭포의 탄성은
한더위를 품고
뛰어내린다

무심한 척 흐르는
남한강
너는
내 마음의 창

그날이 그리움으로
떠오른 순간
추억은 바람으로
남한강에 뛰어든다.

운길산 수종사에서

두고 가고 싶은 마음 있어
허허로운 나무를 따라 오른다

저 멀리
남한강 북한강 보이는 차방에 앉아
조금 전 대웅전에 고했던 사념
다시 또 밀어낸다

뜨거운 물로 찻잎을 살리며
내 범주는
내 운기는
어디까지일까 자문한다

멋과 위엄 멀어져
주머니 속 동전같이 만만해 보이는
저 아래 펼쳐진 동지를 향한 풍광
거칠어진 내 맘 같다

그물에 잡히지 않는
바람을 응원하며
버려야 할 그것을
오백 년 전 여인처럼 두고 간다

번성한 은행나무 한 그루
완벽한 고독이 잉태한 절정의 모습에
내 그것을 주저함 없이 본래 자리로 보낸다

나도 그물에 걸리지 않았다.

오죽헌에서

수학여행 때 처음 본
검은대나무 오죽헌

삼십 년 뒤 엄마로 오니
자식 성공 바랐던
여인의 속얘기 들려준다

툇마루에 앉으니
어머니의 고뇌와 기쁨 느껴진다

그녀가 오늘을 산다면
어떤 모습일까?

사임당은 내 손을
꼬옥 잡아 주었다.

강선 산방에서

개구리 노래에 낭송으로 답하고
계곡물 소리에 성산포를 그리며

초여름 가을 밤 석봉처럼 그리는
곰배령 야생화 사계를 품는다

시심 지닌 이 함께하는 이 밤
탯줄로 이어진 듯한 연리지 공감

잘 구워진 황토방에 속살 보인 밤 감자처럼
잠 못 들고 이어지는 우리들 속말 소리

시간이 귀 기울인다.

고창에서

산등성 메운 노란 꽃들
그날을 기다린다
삶은 벅차고 공허하기도 했다
잎이 져도 살아 있는 뿌리처럼
이어지고 이어지는
인고의 결실 국화의 사랑

오늘이 그날이다.

휴식

반만 잠드는 서울을 떠나
별의 노래 들리는 치악산
그 원시의 품에서 깊은 잠을 잤다

햇살에 눈뜬 아침 무공해 산소 채우고
하늘의 정기 받은 풀 이슬 만나니
밤새 충전된 로봇처럼 준비된 내가 있다

아름다운 생각 내 안에 머무니
지난밤 별 같은 너도
지상의 꽃으로 웃고 있다.

5월의 숨바꼭질

어디에 숨었다
한꺼번에 나왔나

연둣빛 잎으로
가지 숨긴 봄 산

풀 향기에 취한 나
덩달아 이리저리 숨어 보지만

새싹 여린 잎에
억세진 나는

숨어도 숨을 곳 없어
가만히 구경꾼 된다.

빤질나무

한낮의 뜨거운 빛도
잠시 소나기가 내려도
산은 흔들림 없이 그늘 길 내어 준다

검단산 윗배알미 오르막길
사람의 손이 너무 닿아
빤지르해진 손목 굵기의 나무

오르는 사람에게
잡힌 힘만큼 버티며 끌어준다
한여름 나무엔 잎사귀 하나 없다

힘들어 반갑게 잡은 가지가
꺾어질 듯 안쓰러워도
내려올 때 또 잡혀 주는 나무

산은 혼자 올라도 외롭지 않다.

태풍이 지나간 자리

태풍이 지나간 하늘
저 멀리 산 속살이 보인다

벌거벗음으로 드러난 상처
치유할 곳 찾은 본래 모습

휘돌고 간 바람 끝에 남은
심연의 슬픔과 눈물

불행 뒤 작은 행복
삶과 죽음이 곁에 있다

오늘의 존재로
숨 쉬는 내일

함께 손잡고
새 삶의 뿌리내린다.

아네모네

하늘의 별 내려와
누운 아기별꽃 아네모네

별을 셀 수 없듯이
꽃은 들판에 가득합니다

나의 연민도
헤아릴 수 없습니다

하늘 아래
홉스골에 핀 외로운 아름다움

오늘 당신이 보았기에
더 이상 슬프지 않답니다.

참나물 편지

경상도 산골 공해 없는 인연이
보내 준 참나물
전을 부치니 오월이 숨어 있듯
향은 더욱 짙어진다

푸성귀 외면하던 아이들
처음 먹는 나물전 기다리며
입으로 만난 자연에 흥이 나고

난 본 적 없는 분에게 감사의 글을 보낸다

"참나물전을 마주하니
노천명 시인의 '푸른 오월'이 생각납니다
선생님 덕분에 저의 가족은 향기 있는 시간 보냈습니다
좋은 것 함께 나누려는 마음 기쁘게 받았습니다
고맙습니다."

책방

그곳에 가면
진실과 거짓
시공을 떠나
한 사람의 세세한 사랑 감정까지
상상할 수 있는 세상 이야기가 있다

오늘은 로베타를 만났다
라빌 스펜서의 '캠든에서의 그 여름'의 주인공이다
그녀의 감성, 용기, 자존심, 생활방식
특히 시와 함께한 자녀교육
백년 전 그녀의 삶에 동의하며 동행한다

책방은 좋은 친구
친구와 함께하는 세상
외롭지 않다
심심하지 않다
허무하지 않다.

봄을 기다리며

너는 꽃을 피웠고
열매를 맺었지
사람들은 꽃을 사랑하고
열매를 귀하게 여긴다

보이진 않았지만
나는 늘 함께했고
너의 기쁨과 행복
그대로 즐거워했다

풍성했던 너는 낙엽을 보며
꽃과의 이별을 슬퍼하였지
그래도 나는 지키고 있었다
너의 열매가 튼실히 여물도록

강풍이 몰아치는 겨울에도
뿌리인 나는 얼지 않도록
쉬지 않고 사랑한다
춥고 힘들다 외면하지 않으며

아름다웠던 시간들은
내일의 씨앗이 되었다
나는 따듯한 봄을 기다린다
우리가 꿈꾸는 그 꽃을 기대하며.

한밤의 고속도로

태양이 잠들고 가로등도 없는 길
건너편 불빛 친구인 양 반갑고
앞서 가는 빛 형제같이 든든하다
불빛축제 도시와 만나면
미련 없이 자기 길로 가겠지만
지금은
짝사랑 하듯 뒤따라간다.

옛길을 걸으며

빈자리 물이 고이듯
틈사이 채워진 인연과
자연에 순종하여 다져진
옛길을 걷는다

먼저 산 말씀 맞는 것이
고맙고 반갑지만
가끔은 허무하다
이 길을 걸었던 선인처럼
나도 빈 심을 볼 수 있을까

무언의 동조이듯
내 편인 듯 안기는 바람에
나는 사랑받듯 당당하고 편안해졌다
아, 이래서
이 길을 걷는구나.

자리바꿈

날씨도 좋은 2014년 4월 딸과 여행했다
대만에서 미리 만난 초여름 날씨
반팔셔츠에 청바지 입고 걷기 좋았다

조용한 아침의 나라가 그곳인 듯
어디서곤 조용히 질서 지키며
새벽부터 먹거리를 팔고 사는 사람들은
나흘간의 여행에서 그들 문화를 이해하는 중심이었다

강변역에서 출발하여
덕수궁, 중앙박물관, 경복궁을 둘러보고
인천 송도에서 바다를 구경한 후
포천온천 노천탕에서 종일 놀다가
명동과 압구정의 유명한 맛집을 찾아간 듯한
편안한 여행이었다

내가 이렇게 잘 지낸 것은 딸 덕분이었다
알차게 짠 일정에
숙소, 교통, 관광지, 맛집, 기념품, 사진까지
일일이 챙기는 딸을 보며 잘한다, 다 컸구나 생각하며
언젠가는 바뀔 부모와 자식의 선두자리
이제 자리바꿈 할 때란 생각이 들었다

나는 이번 여행을 통해 딸을 인정하며
앞으로 딸 말 잘 듣기로 마음먹었다.

마음 비

수분의 기화로
하늘에서 놀던 수증기
견딜 수 없는 포화상태면
지상에 비가 내린다
비는 어디에 내리든
아래로 제 길 간다

감정의 기화로 모인
뜨거운 상들
내 작은 우주에서
참을 수 없는 포화상태면
마음에 비가 온다
큰바람 불어도
떠나지 못하고
분출된 용암처럼 굳어
흉물이 된다.

신이 푸는 문제

드라마 속 주인공은
오늘도 이유를 모른 채
방황하고 있다
남녀노소 시청자는
다 아는데
브라운관 속 그들은
자기 순서만 안다

우리도
그 주인공처럼 살고 있을까
한발만 떨어져 생각해도
한마디만 더 말했어도
조금만 일찍 소통했어도
신이 푸는 문제처럼
우리들 관계는 쉬웠을 텐데.

가을산

시몬이 먼저 반기는 가을산
색색이 물들인
파스텔톤 명화 속으로
들어온 나는
서둘러 물들이다
색동 얼굴 되었다

가을산과 하나가 된다.

꽃잎처럼 가볍게 살자

지난해 꽃처럼 예뻤던 마음 잊지 말자
아쉬웠던 일은 가슴에 새기고
소중한 추억은 전설처럼 간직하자
사랑하는 이에게 소나무처럼 변심 말고
잘했던 일들 명화처럼 이어보자

새해도 건강한 사랑을 하자
사람들과 지혜롭게 연을 맺고
먼저 베풀고
맛있는 음식
편하려는 생각
더 사랑 받으려는 욕심 줄이고
내려다볼 줄 아는 이성으로
하고 싶은 하려던 일 미루지 말고
꽃잎처럼 가볍게 살자

내년
아니 살아 있는 내내
이 해를 그리워하도록
진한 장미의 열정으로
아름답게 살자.

구삼마을

날마다 마음 장 서는
구의공원에 가면
기쁨과 슬픔 나눌 수 있는
따듯한 이웃을 만날 수 있다
그 만남은 서로에게 행복한 버팀목이 된다

살면서 생긴 가슴앓이
묵묵히 강변을 따라 걷다 보면
멈출 줄 모르는 바람의 다독임과
반사 빛으로 더 아름다워진 거울을 보며
얼룩진 연들 강으로 흐른다

용맹한 온달이 지키는 아차산에서
도전과 용기를 키우고
평강의 지극한 정성처럼
사랑과 믿음으로 자란 손들은
옛부터 살아온 이곳을
부모같이 연인처럼 사랑한다

장미꽃길 따라
공감하는 시인의 마음 걸어 두고
삶의 여유를 지혜롭게 즐기는
예술을 사랑하는
문화인이 사는 곳

그곳은 우리가
사람답게 살아오고
앞으로도 살아갈
광진의 수도
바로 이곳 구삼마을이다.

– 구삼마을은 광진구 구의3동

제5부

잎이 져도 살아 있는 뿌리처럼

월순씨 사랑해

어머님은
아버님이 농담도 못한다
늘 말씀하시고

아버님은
내둥 안하고 산 걸
왜 이제 와 하라고 하냐신다

우리 어머님이
농담처럼이라도 듣고 싶은 말은
'월순씨 사랑해'인데

우리 아버님은 오늘도 웃기만 하시니
어머니는 또 내게
아버님은 재미없는 분이라신다

듣고 싶은 어머니
속으로만 말하시는 아버님
두 분의 얼굴은
60여 년 전 그 봄바람의 진달래 같다.

진주혼식

저 먼 행성에서
지구로 와
30년이 지나고

그 순간을
붙들고 붙잡아
하나가 된다

기쁨과 슬픔이
행복으로
사랑과 미움이
행복으로

샴쌍둥이
2인3각 다리로
부지런히 달려온 길

어느새 품어진
둘만의 진주
햇살 아래 온종일
빛나고 있다.

주말부부

생활의 주기는
하루가 아닌 일주일
그 안에
자유와 허전함
기다림과 만남이
아쉬움과 반가움이 있다

그리고
이 모든 감정의 이유인
내가 있다.

당신 따라

꿈나라 속 자식 깨워
동치미에 굴 한 숟가락

여왕꽃게 분장시켜
둘러앉은 오남매 앞에 한 마리씩

철따라 예뻐진다
참외 한 접 복숭아 한 접

아버지 당신을 그리면
난 배부른 행복한 아이

저도 당신 따라 내 아이
배부르고 행복하게 키웠습니다.

수호천사

누가 오면 숨바꼭질하던
나의 분신들 오늘은
엄마를 편히 보고 숨지 못했다
아니 숨은들 수십 년 경력 피할 순 없다

제일 문제아는 옷장
아들 방엔 놀러갔던 애들 불려오고
그리고 아! 성역 없는 그 질서에
일찌감치 자수한 나의 공간들

한나절이 지나니
나의 소도구들은 모두 차렷 자세
눈만 반짝인다
방금 씻은 아기처럼 어여쁜 얼굴로

내가 드린 행복
고맙다 말하는 나의 수호천사
내 사랑 맹탕으로 돌려놓고
타임머신 출발

다 보았다는 딸의 웃음
나는 마음과 달리
숨을 곳 못 찾는
미래의 수호천사.

생일

원. 다시 만나는 그 출발선에 섰다

딸 생일이어도 지척에 계신 엄마 전화가 없다
기억 속 엄마는 언제나 단아한 모습으로
한여름인 둘째 생일날 딸 친구들과 함께 지내셨다

엄마 밥 많이 먹은 초등학교 친구들
학교 오실 때 넘겨 올린 머리에
곤색 비로드 한복 입은 모습이
꼭 육 여사 같았다고 지금도 말하며 안부를 묻는다
중학교 친구들 딸 친구 이름 불러 주는 엄마를 부러워했다
고등학교 친구들 주에 한 번은 우리 집에서 밤새며
엄마의 사랑을 많이 받았고
대학교 친구들 아직도 생일 잔치 해 주는 엄마가 있냐며
신나했었다
엄마의 생일상 덕분에
난 친구들로부터 정 넘치는 사랑을 받았고
그녀들의 믿음 친구로 있게 해 주었다

엄마처럼 나도 내 아이들 생일을 빠짐없이 챙겨 주었다
내가 받은 행복을 아이도 느꼈다는 것에
새삼 놀라웠고 기뻤다

그런데
오늘 내 생일인데 저녁때가 되어도 엄마만 연락이 없다
이틀 전 찾아뵐 때 달라진 엄마 모습과 침묵에
눈물이 나려 했다
그래도 혹시나 생각하며 돌아왔는데…

밤 10시가 되니 벨이 울린다.
수야 미안하다, 엄마가 이젠 네 생일도 잊는구나
……

♥

이제 원은 그 반대쪽 시작점에 거의 도착하고 있다.

소풍

햇빛 좋은 가을날
팔순 어머니 소풍

하회마을 보이는 부영대
이백오십 미터 산길 쳐다만 본다

쉰 넘긴 사위 구름 언덕 되니
부끄러워 손 젓다 아기처럼 업히셨다

사과처럼 붉어진
세 얼굴

마음은 하나
몸도 하나가 되어 산을 오른다.

언니와 동생

두 살 많은 내 언니
이순이 넘은 지금도
한 스무 살 윗사람처럼
오이지 주고 밥 주고 맘도 주는
제2의 엄마
답 보여 주는 선배
언니는 힘들어도
언니가 있어 좋다

일상은 타인처럼 지나가도
작은 여유 생기면
맨 처음 떠오르는 내 동생
아이 챙기며 잘 사는 모습
엄마 맘처럼 흐뭇하다
환갑 지난 언니들 편한 발 되어 주며
어느새 동생은
언니들 보호자가 되어 있다

살아가면서 언니와 동생은
서로에게 엄마 같은 버팀목이 되어 준다.

사랑이란 이름으로

애들아, 부모는 참는 것이란다
맛있는 것 먹이고 싶고
무슨 생각을 하는지
어떤 친구를 만나는지
언제 집에 돌아오는지
돈은 어디에 어떻게 쓰는지
내 자식에 관한
모든 것이 궁금하고 알고 싶단다
그래도 이만큼 자제하는 것은
성장한 너희들이 원하지 않고
언젠가는 스스로
아니 혼자서 이 세상일 결정하고
살아야 하기 때문에
홀로서기가 돼야 하기에
부모는 온 힘을 다해 참을 뿐이다

이 밤 누가 시키지 않아도
너희가 원하지 않아도
자식이 돌아오기 전에는 잠을 못 잔다
너희가 보면 참 불필요하고 어리석은 기우라 여기겠지만
신은 부모를 그렇게 만든 것 같구나
사랑이란 이름으로.

아들의 일기

크리스마스 때 학교에서 공부하다 홍철이형과 소고기 100g을 먹었더니 어제 급 소고기가 먹고 싶어졌다. 인터넷으로 육포라도 주문할까 하다 비싸기도 하고 시험도 며칠 안 남아 포기. 누나한테 지나가는 말로 언제 고기나 먹으러 가자 얘기하며 부모님 신경 안 쓰시게 집에 얘기하지 말라고 했다. 역시 누나는 믿을 게 못 되는 존재이다.
토요일 오늘 기숙사로 아버지가 오셔서 소고기를 잔뜩 사주시고 가셨다. 그러면서 카톡으로 남겨 주신 말.
"아빠니까 필요할 때 언제든 얘기하고."
언젠가 아버지 친구분들이 모인 자리에서 건배사를 할 기회가 있었고 난 이렇게 말했다.
"사람은 부모님을 닮는다는데 제가 닮을 사람이 저희 아버지여서 정말 감사합니다. 아버지를 위하여."
만취하셨던 아버지는 기억하지 못하실 거다.
오늘 다시 한 번 느낀다. 아버지 같은 아버지가 되고 싶다고.

이렇게 말하는 아들을 보니 나는 봄비 맞는 새싹처럼 힘이 솟는다.

오늘은 좋은 날

어젯밤 눈 많이 내렸어도
긴긴 겨울 추위 끝나지 않았어도
긴한 약속 지키지 못했어도
오늘은 좋은 날

고운 꽃 속에 청가운 입고
사각모자 긴 줄 흔드는 딸과 아들
그동안 수고했다, 고맙습니다
치하하며 축하하는 사랑하는 사람들

반백 머리 위 올려진 모자
어제는 사라지고
오늘만 남은
오늘은 좋은 날

정의로운 가슴으로
하고 싶은 일 하며
건강하게 살아갈 시작의 날
오늘은 좋은 날.

초롱꽃

금강산
높은 바위틈에
곱게 피어 있는
연보랏빛 초롱꽃

충실
정의
감사는
작은 네가 품은 뜻

바람 잘 통하는 높은 곳
오르기는 힘들지만
건강한 사랑, 맑은 햇빛
듬뿍 받고

물 잘 빠지는 바위틈은
최소의 양분으로도
아름답게 살 수 있음을
또 사심과 욕심 채울 곳 없어
부패할 것도 없는 자리

연보라 고운 모습
가족과 사회에
정의의 등불로 답하는
감사의 표시

나의 사랑하는 아이들아
(의빈 · 소향, 웅희 · 주영)
이 아름다운 세상에서
초롱꽃처럼
사랑하며
어여쁘게 살으렴.

2019년 4월

2019년 4월
딸이 엄마가 되었다
부모가 되었다

2019년 4월
나는 할머니가 되었다
손자가 생겼다

아기를 보며
엄마로 부모로
누리고 사랑하고 좋고 힘든 것들
딸도 같은 공감할 수 있게 되어
너무 좋다

내 딸이
사랑할 수 있는 자식 있고
자식 사랑 받을 수 있는
부모 되어 정말 좋다

나는 할일 다한 듯
하늘을 본다
태평히 잠든 아기와
내일을 꿈꾼다.

동생의 말

용서하세요
어머니

미안합니다
형님 형수님

죄송합니다
누님들

고맙습니다
매형들

…부탁해
조카들

그리고
사랑해 연아…

지켜 주지 못해 정말 미안해
꼭 다시 만나자

이번만은
약속 잘 지킬게.

든든한 내 편

경주 황리단길에서
"어머니 조심하세요" 하며 팔을 잡는다
'겨우 계단 하나뿐인데' 속말했지만 든든했다
화장하기 편하게
말없이 사다놓은 확대경을 보다
확 다 열린 내 마음
아! 너는 내 편도 되는 든든자구나

21세기 며느리는 다르다 하여 무장한 내게
여행 내내 물어보고 배려한다
그래 늦잠 자면 어떠랴
내 딸의 동생이고 열심히 일하는 프로인데
맛있는 음식보다 멋진 경치보다
나를 즐겁고 편하게 해 준 건 아들 부부의 마음이었다

3박4일 여행으로 나는 무장해제되고
함께이고 싶었던 마음 충족되니
이젠 그들을 떠올리는 내 생각이 예쁘고 자유롭다
신뢰는 기다림의 시간을 미화시킨다.

모전여전

96세 울 엄마
봄뜰에서
딸 자랑하신다
그 사랑 채우려니
아… 엄마

내겐 꽃보다
예쁜 딸
틈만 나면
엄마처럼 나도 한다
아… 딸
너도 그랬겠구나.

후백의 품

부모가 생명을 주시듯
내게 시심詩心을 심어 주고

사랑으로 자식을 키우듯
창작의 길을 아낌없이 일러주셨다

참사람 되라
물가 수 어질 현, 수현洙賢이라 명하며

제몫을 다하라
정鄭 '시인'이라 하신다

이제 어버이 사랑에
정의로운 시인으로 답하며

그 이름 명예롭게
자신을 시참詩讖으로 가꾼다

존경하는 스승 후백은
언제나 나의 시詩와 함께 있다.

하늘의 별

나는 하늘의 별이다
하늘의 별은
보고자 하는 이에게 보이며
스스로 빛을 내고 있다

나는 산이다
산에는 꽃과 나무가 있고
오솔길과 산마루도 있다
사람들은 나의 수현산에 오른다.

동주님께

안녕하세요, 시인님!

저는 시인님을 만난 2013년 8월을 잊지 못할 것입니다.

윤동주 하면 암울한 시대를 살았던 슬픈 젊은 시인, 별을 노래하는 시인으로만 알고 있다가, 지난 4월 윤동주 기념관에서 우수에 찬 당신의 얼굴과 가슴에 남는 슬픈 시들을 만났어요.

책을 읽고 날짜를 기록한 그 작은 종이에 단정하게 쓴 동주란 글씨를 보며 시인님을 상상하기 시작했어요. 솔직히 말하면 그 단호한 글씨에 반했지요.

그래서 만나는 사람들에게 꼭 한번 그곳을 방문하라 권하고, 젊은 친구들에겐 멋진 데이트 코스라 말해 주었지요. 그게 시작이었던 것 같아요.

그러다 한 달이 지나지 않아 중국 연길에 있는 윤동주연구회와 시낭송가협회와의 MOU 체결 소식을 듣고, 저는 망설임 없이 행사 참여를 결정하고 6월 초 시인님과의 만남을 준비했어요.

올여름 무척이나 더웠지만 시와 시극을 통해 당신을 조금씩 알아가는 동안 더위도 가족도 잊고 지냈지요.

그러다 8월 말 연길에 갔습니다.

그곳에서 예언자처럼 당신이 말씀하셨던 것을 확인하고 많은 것을 보고 듣고 공감하고 돌아왔어요. 시인님이 궁금해하실까 봐 이렇게 편지를 쓰게 되었어요.

말씀대로 당신의 무덤가엔 파란 잔디가 곱게 자라 있고 풀도 자랑처럼 무성했고,

당신의 바람대로 순이가 떠난 그 쪼그만 발자국 자리마다엔 탐스럽고 예쁜 꽃들이 피어 있었어요.

무슨 기쁨을 바라 살아왔던가 자문하셨지요.

반세기가 지난 지금 당신도 다 알고 계실 거예요.

우리 후손들에게 바른 정신을 심어 주셨고, 사람답게 사는 것을 보여 주셨고, 시를 사랑하는 삶을 살 수 있게 해 주셨어요.

연길의 밤하늘을 바라보며 당신처럼 별 하나에 아름다운 말 한마디씩 불러보았어요.

이젠 쓸쓸함은 사라지고 많은 사람들이 추억과 사랑과 동경과 시를 세고 있었어요.

당신이 밤마다 닦아도 파란 녹이 슬었던 구리거울도 이젠 새것처럼 반짝이며 세상과 우리들을 바르게 비춰 주고 있어요.

슬픈 사람의 뒷모습을 본 것은 아마 당신이 마지막인 듯합니다.

또 너는 커서 무엇이 되겠느냐 물으셨지요.

우리 모두는 당신의 별을 사랑하는 시인이 되었답니다.

무엇인가를 잃어 두 손을 주머니에 넣고 나간 길에선 조금 시간이 걸리긴 했지만, 길 저편에서 아주 열심히 찾아내 지금은 행복하게 잘 살고 있습니다.

청초한 아가씨였던 내 마음 코스모스는 옛 모습 그대로 하늘 하늘 피어 여전히 사랑받고 있답니다.

슬픈 사나이 얼굴을 비추던 그 우물가엔 오늘도 달이 밝고 구름이 흐르고 하늘이 펼쳐지고 파아란 바람이 불고 가을이 오고 있고요. 그리고 따듯한 사랑받은 웃음진 얼굴을 비춰 주고 있어요.

연변에 가기 전 무엇인지 그립고 답답했던 가슴이 당신이 살던 집과 명동학교 교실에서, 당신이 앉았던 책상에서 큰 소리로 순이를 부르고 나니 막혔던 가슴이 편안해졌어요.

어둠 속에서 별을 찾아낸 것처럼

좀 늦었지만 당신의 길을 행복한 마음으로 따라가고 있습니다.

많은 사람들이 하늘을 우러러 부끄럽지 않게, 또 모든 생명이 있는 것을 사랑하며 씩씩하게 자신의 길을 가고 있습니다.

시인님, 당신이 있어서 행복합니다.

당신을 조금이나마 알게 되어 참 다행입니다.

일송정에 올라 목청 다해 부른 노래처럼 당신은 영원한 선지자이셨습니다.

당신을 뒤따르는 많은 분들을 서울에서 연길에서 만났습니다.

이젠 편안하게 지내시리라 믿습니다.

당신의 그 심지 굳은 마음을 항시 기억하며 살아가겠습니다.

시를 사랑하며 저의 길을 당당히 가겠습니다.

2013년 9월 서울에서 정선영 올림

(이 글은 2013년 가을 연변 윤동주연구회 홈페이지에 실렸다.)

나의 책읽기

내가 국민학교(지금의 초등학교) 4학년일 때 오빠는 대학생이었다. 문학을 사랑하는 청년이었던 오빠는 내겐 동경의 대상이었다. 동화책은 물론이고 아무 책이나 보이는 대로 읽던 나는 주변에 것을 다 읽으면 오빠 방에 들어가 오빠가 읽는 책을 보았다. 내용도 잘 모르면서 헤세의 《데미안》이나 괴테의 《파우스트》, 니체의 《짜라투스트라는 이렇게 말했다》 같은 책을 그때 읽었다.

나의 무조건적 책읽기를 알게 된 오빠는 내 수준에 맞는 책을 수시로 사다 주었다. 나이 차이가 많아 오빠 같지 않다고 투정도 했지만, 오빠는 내게 요즘의 신세대 부모 역할을 해 준 것 같아 지금은 무척 고맙게 생각한다.

6학년 때 선생님 심부름을 자주 하다가 선생님과 가깝게 지냈다. 60년대 말 그래도 읽을 책이 가장 많은 곳이 학교였는데 선생님은 학교에 있는 책을 마음껏 볼 수 있게 해 주셨다. 세계명작소설은 거의 다 본 것 같고 우리나라 단편소설 등…. 상식적 수준의 독서는 그때 많이 했다.

꾸준히 책을 읽는 내가 기특했는지 선생님은 일기와 독서 감상문을 쓰게 지도해 주셨다. 호기심과 상상력이 좋을 때 책을 읽을 수 있게 해 주신 선생님 덕분에 지금까지 심성 바르게 살아온 것 같아 무척 감사하다. 십오 년 전쯤인 5월 스승의 날 선생님을 뵐 기회가 있어 감사 인사를 드렸었다.

중고등학교 때는 책읽기와는 좀 멀어진 것 같다. 그래도 특별활동 시간에 문예부에 들어 필독독서는 읽었다. 중학교 때 국어 선생님은 수업시간에 명시를 읽어 주셨다. 워즈워스의 〈무지개〉나 푸시킨의 〈삶〉 같은 시를 외웠다. 또 고등학교 선생님은 박경리 선생님의 연재소설 〈토지〉를 얼마나 재미있게 들려주셨는지 나도 선생님 따라 문학지를 구입하고 제일 맛있는 것 아껴서 나중 먹듯 천천히 읽던 생각이 난다. 글은 잘 못 써도 그때 교내 독후감 대회에서 상을 받았던 기억도 있다.

대학생이 되었을 때 아버지는 입학 선물로 김찬삼 교수의 세계 여행기를 선물하셨다. 그 책을 읽으며 그 선생님을 직접 만났던 기억이 있다. 작가를 직접 만나니 책 속의 글들이 내게 직접 말하는 듯했다. 대학 다닐 때는 내가 읽어야 할 책들을 보았다. 도서관을 주로 이용하며 여러 종류의 책을 보았다. 그리고 방학 때마다 전집을 보기로 계획을 세웠다. 먼저 《대망》 전 · 후편을 읽고 유비를 닮고 싶어 《삼국지》를 보고 《태백산맥》, 《토지》 등을 읽었다.

결혼하고 아이들 키우며 아이보다는 내가 더 재미있어 동화책을 읽어 주었다. 그 무렵 나는 무협지에 빠졌었다. 아파트에 오는 이동도서관의 단골이 되어 《영웅문》 등을 재미있게 읽었고, 지금은 제목도 다 모르지만 덕분에 아이 키우는 게 힘든지 모르고 지난 것 같다. 그땐 아이들을 놀이터에서 놀게 하고 난 벤치에서 책을 읽었다. 한번은 세 살 아들이 놀이터에서 없어진 것도 몰라 찾느라 고생한 적도 있다.

그 시절 남편의 선물은 읽고 싶은 책을 사다 주는 것이었다. 지금도 그렇지만 MBC 구내서점은 20%씩 할인해 주어 자주 이용했고, 회사 도서실 책도 잘 빌려다 주었다. 내가 읽고 남편에게 이야기해 주던 기억들이 추억으로 남아 있다.

지금 나의 아이들은 대학생이다. 이제는 자신들이 읽고 좋다고 생각하면 엄마에게 권한다. 무라카미 하루키, 베르베르의 세계를 섭렵한 것도 아이들과 함께였다. 우리는 함께 읽은 것에 대하여 자기 생각을 말한다. 그러면서 다른 이의 생각도 알게 되고 삶의 간접 경험을 한다. 책읽기를 통한 대화는 감정의 조절이 되어 많은 이야기를 객관적으로 할 수 있어 좋은 것 같다.

이런 책읽기가 바탕이 되어서 그런지 나는 '시'에 관심이 많아졌다. 그러다 황금찬 선생님을 만나게 되고 많은 가르침을 받았고, 지금은 시인으로 등단했다. 기쁜 일이지만 순순한 독자로만 즐기다 입장이 바뀌니 모든 것이 어렵다.

지금까지 나의 책읽기에 대해서 적어 보았다. 이 모든 경험이 오늘의 나를 시를 사랑하게 만들었을 것이다. 현재를 위한 밑거름이 된 나의 과거를 사랑한다.

(시를 공부하면서 보고 듣고 배우고 느낀 게 많다. 이제 시와 관련된 생각들은 〈나의 책 읽기 2편〉에서 적어 보려고 한다.)

광진시니어낭송회

개강하는 날

2014년 1월 10일 첫 강의날.

무척 추운 날씨였지만 많은 분들이 오셨다.

시마을 주민이 되면 우리 사회에 대도가 없어진다는 황금찬 스승님

자연과 더불어 살아가라는 성기조 박사님

새끼 꼬는 일에 빗대어 자기 만족과 타인 만족을 명쾌히 설명해 주신 황도제 선생님

멀리 미국에서 시낭송이야말로 인간의 욕구 5단계 중 가장 높은 자아실현을 하는 것이라 역설하신 머슬로 철학자님

사랑, 정, 미움, 무관심이란 인간관계의 중요성을 일깨워 준 강신주 철학자님

낭송은 우리 몸의 장기까지 튼튼하게 해 준다는 고미숙 고전연구가님

말없이 도라지차 끓여 온 고마운 친구 휘분과 경애

음료수를 들고 온 희선 낭송가
응원 오신 김영희, 안송자 님과 동화사랑 이정자, 이경준 님
첫 수강생이신 고 이선구 선생님과 꼭필남 암목 선생님
시낭송이 좋아 오신 수강생님
이 강의 개설부터 도와주신 구의3동 자치위원님들과 한기옥 주무관님
준비 내내 파이팅해 준 사랑하는 가족들

드디어 축하 낭송시
황금찬 시인의 〈나의 소망〉을 낭송하니 함께한 모든 분들 한 마음 한목소리로 시인의 뜻을 좇아간다.

모두 감사합니다.
그래도 오늘 주인공은 빈자리 하나 없이 '꽃씨와 불씨' 강의에 스스로 참여하신 18명 수강생 여러분입니다.
우리 함께 이 시간을 시와 더불어 삶을 사랑하고 즐기는 멋진 공간으로 만들어 가요. 제가 제일 먼저 많이 노력하겠습니다.

광진시니어낭송회

첫날 이렇게 시작된 시낭송과 인문학 수업이 어느덧 만 7년이 되었고, 이름도 '광진시니어낭송회'가 되었다.
광진시니어낭송회는 구의3동 주민센터에서 시낭송과 인문학

수업을 하며 시낭송을 취미로 즐기는 시인과 시낭송가들의 모임이다.

행복한 삶을 추구하는 인문학을 바탕으로 시를 좋아하는 사람들이 낭송을 통해 자신의 품격을 높이며 자기계발을 하여 당당히 무대에 서서 공연예술을 즐기고 또 명시 낭송을 통해 주변에 좋은 시 보급에 앞장서고 문학과 내 삶을 사랑하는 사람들이 모인 곳이다.

그동안 33회의 무대낭송을 하였고, 전국 시낭송대회에 참여해서 20여 명의 시낭송가가 탄생했다. 2017년에는 명시낭송 CD를 제작하였고, 2018년엔 낭송하기 좋은 명시들만 모은 애송시집을 발간해 시낭송을 주변에 많이 알렸다.

또 초등학교, 요양병원, 아차산 무대, 지하철역에서, 경로잔치나 문학회, 결혼식 등에 초대받아 시낭송 문화 봉사를 꾸준히 하고 있다.

2019년 11월 15일엔 서울문화재단과 광진문화재단의 도움으로 '가을에 만난 우리들의 이야기' 공연을 광진문화예술회관 나루아트 소극장에서 200여 명의 객석과 함께 시낭송과 동화구연, 시와 노래, 시화전까지 대공연을 성황리에 마쳤다.

광진시니어낭송회 회원들은 앞으로도 질 높은 삶을 위해 자기계발을 꾸준히 할 것이며, 시낭송을 통해 예술과 만나고 즐기는 아름답고 당당한 시니어가 될 것이다.

후백 선생님과 함께한 시간들

설레임(before)

오늘 새로운 만남을 준비합니다.
마음은 있었으나 단 한 번도
가까이 가본 적 없는 만남입니다.

지금 가슴이 두근 기대가 큽니다.
선생님의 가르침에 손잡고
또 다른 세상으로 가보려 합니다.

비록 지금의 내가 보는 세상의 창은 작지만
힘을 키워 나만의 색깔로 세상과 만나려 합니다.
현재의 부족에 절망치 않고 조금씩 배워 가겠습니다.

이 글은 황금찬 선생님과 첫 수업을 하면서 시가 무엇인지도 모르며 인사말로 준비했던 것이다. 초심을 잃지 않으려 간직하고 있다.

아래 글은 첫 수업이 끝난 뒤에 쓴 글이다.

만남 뒤에(after)

내가 최고가 아님은 알았지만
누가 최고인지도 모르고 살았지요.

선생님과 만남 뒤
다시 부드럽고 지혜로운 여인으로
아이들을 마음껏 사랑하고 대화하는
당당한 모습으로 돌아왔지요.

한동안 잊고 있던 품위와 교양
오랜만에 삶이 풍요로워졌어요.
이렇게 가까이 정신적 지주로
생활의 정도를 지키는 선생님이 계심에 행복합니다.
늘 건강하셔서 가르침과 사랑 많이 주세요.

2005년 선생님과의 만남은 이렇게 시작되었다.

제자를 가르치고 사랑하며 그 제자들의 글쓰기를 격려하고 독려하던 선생님은 늘 내가 처음에 보고 느낀 것과 변함이 없으셨다.

골든 데이(선생님과 시와 만나는 날)

2005년부터 만 2년간 나는 구의3동 주민센터 2층에서 매주 수요일 11시부터 문학강연과 시를 공부했다. 그해 미수이셨던 선생님과 시와 만나는 시간이었다. 오후 1시쯤 수업을 마치고 선생님은 음식점 토성에서 점심을 드시며 수업 때 못다 한 말씀, 오전보다 더 재미있는 주로 활자화되지 않은 문인들의 이야기를 들려주셨다. 우리들이(고 임공빈 시인, 이용미 시인, 김경영 시인과 나, 함운옥 시인, 일년 후 황정자 시인 등) 하는 모든 질문에 답해 주셨다.

내게 그렇게나 열정적이고 좋았던 시간이 있었다는 것이 지금 생각해도 참 잘한 일이다. 그때의 충족감으로 오늘을 문인으로 살고 있다 생각된다. 어느 날은 남한산성으로, 또 어느 날은 구름의 집에서, 또 혜화동 엘빈 찻집에서, 정릉 선생님 댁 근처에서 커피를 마시며 문학과 시인들을 선생님을 통해 만났다. 그때 나의 달력엔 매주 수요일은 골든 데이라고 적혀 있었고 종일 선생님과 보내는 날이었다.

수업 때 선생님께 작은 정성을 보이고 싶어 시도 열심히 썼지만 커피를 좋아하시는 선생님을 위해 집에서 준비해 왔다. 그날로 난 천사가 되었고 (그때부터 선생님 주변엔 늘 천사가 많았다.) 그 후에도 선생님을 존경하는 남편이 식사와 송이버섯을 대접하며 천사는 계속되었다.

선생님은 대답 잘하는 내게 칭찬을 많이 해 주셨다. 나중에 들으니 우리 팀 수업이 제일 신경이 쓰였다 하셨다. 보통 여자들이 말 안하고 웃기만 하는 건 얌전해서가 아니라 "난 그것 몰라요" 하는 거라고 하시며 모르면 모른다 하지 웃고만 있지 말라셨다. (내가 직접 강의를 해 보니 대답 잘하는 학생이 강사에게 제일 좋다는 것을 안다.)

중년이라 여겼던 40대 후반, 선생님 앞에선 난 착한 아이가 되어 있었다.

선생님은 선구자

선생님의 시 〈등대지기〉는 선구자에 대한 선생님의 마음이셨다.

선구자는 늘 외롭고 쓸쓸하지만 밤이면 등대에 불을 밝힌다 하신다. 사랑하는 사람이 길을 잃지 말라고, 우리 제자들이 시인으로 문인으로 잘 따라오라고 .

나는 내가 시인이란 생각보다 선생님의 뒤를 따라가는 시를 좋아하는 독자였다.

선생님의 추천으로 등단을 하게 되고 기쁘지만 부끄러워하는 내게 축하해 주시며 말씀하셨다. "시인은 하늘에 뜬 별이고 하늘의 별은 누구에게 보이기 위해 뜬 것이 아니다. 그저 때가 되어 스스로 뜬 것이다. 누가 봐주는 것에 신경 쓰지 말라" 하시며 용기를 주셨다.

그리고 첫 시집 발간을 망설일 때도 "꽃밭에는 예쁜 장미꽃만 있는 것보다 크고 작은 각양각색의 꽃이 있어야 더 아름답다." "시집은 꽃밭에 비유할 수 있다. 지금 쓴 시를 책으로 내지 않으면 나중에 시집으로 낼 수 없다." "때론 작고 보잘것없어 보여도 잘 가꿔 놓아야 내일 너의 성장을 볼 수 있다"며 분에 넘치는 격려사를 써 주셨다.

선생님은 내가 쓴 시들을 여린 묘목이라 여기신 듯했다. 물도 주고 사랑으로 가꾸면 세월이 흐른 뒤에 아주 건강하고 아름답고 향기로운 그 무엇이 되어 있다 하셨다.

때론 부러지고 메마르고 고사한 것도 있겠지만 그때 나는 마음속으로 자신과 약속을 했다. 그래 10년만 이 세계에 있어 보자. 10년 후에도 문학과 시와 함께하고 있으면 난 끝까지 시인으로 살 것이라고.

지금 약속한 10년이 훨씬 지났다. 난 이제 시인으로 살 것을 의심하지 않을 것이다. 그리고 그것에 합당한 노력을 할 것이다.

선생님을 통해 시를 만나고 그 시로 내 인생 후반기를 아름답고 풍요롭게 보내고 있어 오늘 이 행복도 선생님이 주신 것이라 여기며 감사드린다.

선생님을 보내며

장남 황도제 선생님을 먼저 보내고 힘드셨을 선생님께 식사 대접을 했다.

"여러 이별을 해 봤지만 자식을 잃은 슬픔이 제일 큰 것 같다" 하며 "인생이 참 슬퍼요" 하시는 선생님 얼굴에서 눈물이 보인다.

나도 황도제 선생님과 함께한 추억이 많았기에 따라 울다가

나름 선생님을 위로한답시고 "선생님, 삶이 그런 줄 모르셨나요" 하며 "이런 슬픔도 이겨내는 모습을 후배들에게 보여 주세요" 했던 철없는 내 모습도 함께 떠올라 죄스럽다. 그때 선생님이 실컷 우시게 해 드렸어야 했는데. 내 말을 들은 선생님은 그런가 하시더니 할 수 없이 웃으셨다.

2017년 4월 8일 좋은 봄날, 선생님은 아들 도제 선생님을 만나러 가셨다.

지난해 11월 20일 횡성에서 선생님을 뵌 게 마지막이 되었다.

그날 선생님 즐거우시라 라인댄스도 보여 드렸는데, 그 모든 게 사진 속에 그대로 있는데….

맛난 것 드시라는 작은 사랑에 "고맙다" 하시며 손 꼭 잡아 주셨는데….

어제 일처럼 생생하다

울지 않을 거란 말을 하며 간 강남성모병원 영안실.

잘 지내지요 하며 큰손을 내밀어 힘차게 잡으시며 웃으시던 눈빛이 그대로인 영정 앞에서 절로 눈물이 흐른다.

우리 아버님께 잘해 주셔서 감사했다는 인사를 하는 선생님의 아들, 며느리, 따님….

역시 선생님을 닮으셨다.

그리고 또 한 분의 따님 양광 시인도 끝까지 친정아버님 곁을 지키고 있다.

끝으로 시란

선생님은 시란,

"슬픔을 이겨 내고 승화해 내어 다시 기쁘고 즐거운 시로 만나야 한다."

"시는 내 개인의 이야기를 쓰는 게 아니고, 개인사에서 공통분모를 찾아야 좋은 시가 된다."

"시인은 글을 써야 한다. 글 쓰는 게 밥 먹는 것보다 우선이다."

선생님과 매주 문학강연, 매달 문학회, 매년 문학기행을 함께 한 13년여의 시간들, 자연 외에는 볼 것 없던 몽골을 여행하며 "이 나라에 좋은 점을 찾아 글을 써 주는 게 시인의 역할이다"며 그 나라를 칭찬하는 고운 시를 쓰게 하셨던 선생님.

90세에 동유럽을 여행하던 매순간이 문학회였던 9일간의 추억. 그중 부다페스트에서 우리 부부의 은혼식 주례사로 "이제는 서로 다른 강물이 아닌 두 강물이 합쳐진 바다로 살아라. 그리고 "모차르트 같은 자식(글)을 남겨라" 하시던 사랑의 말씀은 그때부터 늘 내 생활의 지침이 되었다.

선생님, 저는 이제 조금 철이 든 것 같습니다.

늘 좋은 시, 따듯한 시를 쓰라 하신 말씀 꼭 기억하며 저도 노력할 것임을 약속드립니다.

선생님이 사랑하는 사람들이 이곳보다 많은 그곳에서 즐거우시리라 생각합니다.

선생님, 잊지 않겠습니다.

선생님께 시를 배울 수 있어서 정말 행복했습니다.

제 마음속에 저의 글 속에 선생님은 영원하실 것입니다.

스승님께 부끄럽지 않은 시인이 되도록 많이 노력하겠습니다

2017년 4월 29일

제자 정선영 올림